CIENCIA, TECNOLOGÍA,
INGENIERÍA Y MATEMÁTICA ¿TU FUTURO?

Un día de trabajo de un
QUÍMICO

ROSALIE GADDI

TRADUCIDO POR
ALBERTO JIMÉNEZ

PowerKiDS
press™

Nueva York

Published in 2016 by The Rosen Publishing Group, Inc.
29 East 21st Street, New York, NY 10010

First Edition

Editor: Caitie McAneney
Book Design: Katelyn Heinle
Translator: Alberto Jiménez

Photo Credits: Cover Photographee.eu/Shutterstock.com; cover, pp. 1, 3, 4, 6–8, 10–12, 14–16, 18, 20, 22–24 (molecular vector design) phloxii/Shutterstock.com; p. 5 Prasit Rodphan/Shutterstock.com; p. 6 Picsfive/Shutterstock.com; p. 7 Shots Studio/Shutterstock.com; p. 9 Media for Medical/Universal Images Group/ Getty Images; p. 11 (main) ggw1962/Shutterstock.com; p. 11 (inset) Africa Studio/ Shutterstock.com; p. 13 Steve Allen/Stockbyte/Getty Images; p. 15 RGtimeline/ Shutterstock.com; p. 16 Zerbor/Shutterstock.com; p. 17 Matej Kastelic/ Shutterstock.com; p. 19 Andrea Danti/Shutterstock.com; p. 21 (top) Tui-PhotoEngineer/ Shutterstock.com; p. 21 (bottom) cubephoto/Shutterstock.com; p. 22 Klaus Vedfelt/Taxi/Getty Images.

Cataloging-in-Publication Data

Gaddi, Rosalie, author.
Un día de trabajo de un químico / Rosalie Gaddi, translated by Albero Jiménez.
    pages cm. — (Ciencia, tecnología, ingeniería y matemática: ¿Tu futuro?)
  Includes index.
  ISBN 978-1-5081-4761-9 (pbk.)
  ISBN 978-1-5081-4748-0 (6 pack)
  ISBN 978-1-5081-4759-6 (library binding)
  1. Chemistry—Vocational guidance—Juvenile literature. 2. Chemists—Juvenile literature.
  I. Title.
   QD39.5.G33 2016
   540—dc23

Manufactured in the United States of America

CPSIA Compliance Information: Batch #BW16PK: For Further Information contact Rosen Publishing, New York, New York at 1-800-237-9932

CONTENIDO

Un día en el laboratorio 4

¿Qué es la Química? 6

Los cambios químicos 8

Instrumentos básicos de química 10

La última tecnología 12

Los químicos en la ingeniería 14

Matemáticas en el trabajo 18

Diferentes tipos de químicos 20

Para ser químico 22

Glosario 23

Índice 24

Sitios de Internet 24

UN DÍA EN EL LABORATORIO

Los químicos son científicos que estudian y analizan la materia para ver de qué está hecha y cómo **reacciona** con otras materias. Estos científicos suelen trabajar en laboratorios, pero no todos hacen lo mismo porque se ocupan de diferentes tipos de materia. Mientras que algunos trabajan con fármacos, otros mejoran productos tales como alimentos, plásticos o incluso combustibles. Algunos utilizan computadoras para **desarrollar** ideas y poner a prueba reacciones químicas.

Los químicos utilizan **CTIM** en su carrera profesional todos los días. "CTIM" son las iniciales de "Ciencia, **Tecnología**, **Ingeniería** y Matemática". ¡Vamos a aprender más sobre esta fascinante carrera CTIM!

PERISCOPIO CTIM

Cuando un químico trabaja fuera del laboratorio, se dice que hace trabajo de campo.

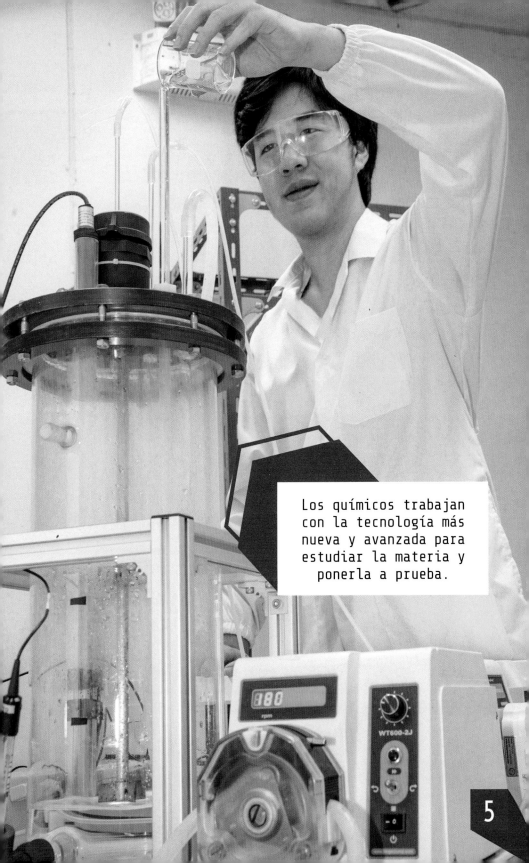

Los químicos trabajan con la tecnología más nueva y avanzada para estudiar la materia y ponerla a prueba.

¿QUÉ ES LA QUÍMICA?

La química es una rama de la ciencia, ¡por consiguiente los químicos utilizan la ciencia en su trabajo todos los días! La química es el estudio de la materia y de sus cambios. Todo en el mundo, e incluso en el espacio, está hecho de materia. Cualquier cosa que ocupe espacio, hasta la cantidad más pequeña de espacio, es materia.

Hay cinco estados diferentes de la materia, pero los más conocidos son tres: sólido, líquido y gaseoso. La materia puede cambiar pasando de un estado a otro mediante lo que se llama cambio físico. Piensa en el helado que se derrite: la materia es la misma, pero pasa del estado sólido al líquido.

PERISCOPIO CTIM

Cuando el agua pasa a su estado gaseoso (vapor de agua) se produce un cambio físico.

Los químicos observan y ponen a prueba
diferentes cambios físicos; tal vez quieran
averiguar, por ejemplo, a qué temperatura
se convierte un líquido en gas.

LOS CAMBIOS QUÍMICOS

Los átomos se consideran las partículas más pequeñas de la materia. También son la pieza más pequeña de cada **elemento**, como el oxígeno o el hierro, que puede existir por sí sola. Dos o más átomos pegados, o enlazados entre sí, son una molécula. Ejemplo de molécula es H_2O, el agua, compuesta por 2 átomos de hidrógeno (H) y 1 átomo de oxígeno (O).

Los químicos suelen combinar la materia para estudiar las posibles reacciones químicas. Una reacción química se produce cuando se rompen o se crean enlaces químicos. Un químico, por ejemplo, puede añadir un átomo de oxígeno adicional a una molécula de agua y obtener H_2O_2, peróxido de hidrógeno (agua oxigenada).

Los químicos necesitan saber qué moléculas hay en la materia que combinan. Ciertas reacciones químicas pueden provocar explosiones o generar compuestos dañinos.

INSTRUMENTOS BÁSICOS DE QUÍMICA

Un químico que trabaja en un laboratorio tiene a su disposición muchos instrumentos que le facilitan su trabajo. Muchos de estos instrumentos se han utilizado desde hace mucho tiempo. Los químicos, por ejemplo, miden los líquidos antes de combinarlos. Para ello utilizan frascos y matraces, contenedores de vidrio con marcas de medida. También se sirven de redomas, recipientes redondeados con extremos que se hacen progresivamente más estrechos.

Los químicos a veces necesitan medir la masa, o cantidad de materia, de los **materiales** con los que trabajan. Para ello usan balanzas mecánicas o electrónicas. Otros calientan la materia para observar sus cambios físicos utilizando quemadores Bunsen, que son mecheros alimentados por gas.

PERISCOPIO CTIM

Los tubos de ensayo son tubos finos de vidrio cerrados en un extremo. Se vierten en ellos pequeñas cantidades de líquido.

TUBOS DE ENSAYO

Robert Bunsen inventó el
quemador que lleva su nombre
en la década de 1850. ¡Esta
herramienta se utiliza
todavía hoy!

LA ÚLTIMA TECNOLOGÍA

Los químicos de hoy dependen de las computadoras para hacer gran parte de su trabajo. Las usan para estudiar, o investigar las propiedades de ciertos tipos de materia, así como para buscar experimentos e información de otros químicos. También les permiten registrar los resultados de sus experimentos, organizarlos en tablas y gráficos, y compartirlos con sus colegas. Hay programas de computadora capaces de **simular** virtualmente reacciones químicas, lo que ayuda a evitar incidentes peligrosos.

Los químicos a veces calientan sus compuestos con **láseres**, que son más eficaces que los mecheros Bunsen. Los espectrómetros son máquinas que miden los cambios de color de la materia.

Los químicos utilizan unos aparatos especiales llamados microscopios electrónicos para ver una imagen ampliada de diminutas partículas de materia. Estos microscopios utilizan haces de electrones para crear una imagen más grande que la que se obtiene con la mayoría de los microscopios.

balanza electrónica

INSTRUMENTOS QUÍMICOS

mechero Bunsen

bureta

crisol

gafas protectoras

frasco

redoma

pipetas cuentagotas

tubos de ensayo

INSTRUMENTOS QUÍMICOS MODERNOS

espectrómetro

computadora

microscopio electrónico

láser

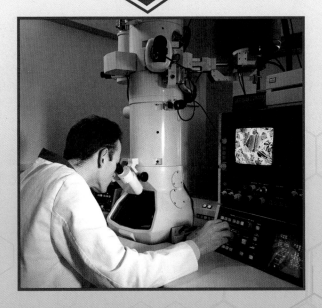

LOS QUÍMICOS EN LA INGENIERÍA

Los químicos no solo utilizan la tecnología más avanzada, sino que la crean. **Diseñar**, construir y utilizar materiales se conoce como ingeniería. Ciertos químicos actúan como ingenieros cuando crean nuevos productos, compuestos que van desde combustibles a plásticos.

Para crear un nuevo compuesto, el químico investiga los productos disponibles y los materiales utilizados en su fabricación. Imagina que un químico quiere hacer el plástico de un reloj más duro y más ligero. Él buscará qué compuestos se podrían añadir al plástico para lograr ese nuevo plástico. Después diseñará el plástico, lo sintetizará y lo someterá a pruebas.

PERISCOPIO CTIM

Los ingenieros químicos utilizan la biología, la física y las matemáticas en su trabajo. Son buenos para resolver problemas y para pensar creativamente.

Los ingenieros químicos son
científicos e ingenieros. Diseñan,
planifican y ponen a prueba el
equipo y los procesos necesarios
para fabricar un producto.

Algunos químicos se especializan en productos alimenticios. Estudian lo que les ocurre a los alimentos cuando se preparan o se almacenan, o se les agregan compuestos para que duren más. Utilizan o sintetizan aditivos –compuestos que se añaden a los alimentos– para hacerlos más sanos y seguros de comer.

Los químicos farmacéuticos tienen funciones muy importantes, porque desarrollan medicamentos para curar enfermedades. A veces descubren nuevas sustancias en la naturaleza con propiedades medicinales, o las combinan para crear

otras medicinas completamente nuevas. Luego las someten a pruebas para verificar que sean seguras.

Los químicos que trabajan con alimentos y medicinas deben comprobar siempre que sus productos son seguros y efectivos.

MATEMÁTICAS EN EL TRABAJO

Los químicos usan las matemáticas todos los días. Las reacciones químicas dependen de determinadas **ecuaciones** químicas. Estas ecuaciones suman los diferentes elementos de las moléculas. A menudo, hay más de dos moléculas, por lo que el químico debe registrar todas las cifras. El resultado de la ecuación le indica lo que la reacción va a crear.

Los químicos necesitan las matemáticas para tomar mediciones correctas y utilizarlas. Por ejemplo, imagina que un químico mide en un matraz 150 mililitros de un líquido: si debe dividirlo en 5 partes iguales son 30 mililitros por parte.

Esta es la ecuación química de la fotosíntesis, el proceso por el cual se alimentan las plantas. La primera parte de la ecuación suma dióxido de carbono y agua. Con la luz del sol, esta combinación produce oxígeno y un tipo de azúcar.

LUZ DEL SOL

OXÍGENO

DIÓXIDO DE CARBONO

AGUA

| DIÓXIDO DE CARBONO | AGUA | | AZÚCAR | OXÍGENO |

$$6CO_2 + 6H_2O \xrightarrow{\text{LUZ DEL SOL}} C_6H_{12}O_6 + 6O_2$$

DIFERENTES TIPOS DE QUÍMICOS

¿Qué hace un químico en un día de trabajo? Es una pregunta difícil, porque hay muchos tipos de químicos: los que trabajan en laboratorios, los que hacen trabajo de campo, los que desempeñan una labor en universidades o centros de investigación. Algunos crean productos, mientras que otros **analizan** las diferentes propiedades de la materia.

Los químicos forenses estudian las **evidencias** que se encuentran en los escenarios de crímenes, como restos de sangre o pólvora, para ayudar a resolverlos. Los técnicos químicos trabajan en laboratorios para que los procesos sean seguros y los equipos funcionen bien. Los químicos ambientales observan, recogen y analizan compuestos de la tierra, el agua y el aire.

PERISCOPIO CTIM

Los químicos de procesos diseñan los mejores procedimientos para poder fabricar un producto a gran escala.

Esta técnica en química pasa la mayor parte del día en el laboratorio. Sin embargo, un químico ambiental está en el exterior recogiendo muestras.

PARA SER QUÍMICO

Un químico trabaja con CTIM todos los días: hace experimentos y utiliza instrumentos interesantes, como microscopios y láseres.

Para ser químico necesitas ir a la universidad por lo menos cuatro años para obtener una licenciatura, aunque la mayoría de los químicos continúan su formación después de obtener su licenciatura. Puedes hacer **trabajos de prácticas** para empresas químicas. También puedes estudiar Informática, Biología, Matemática o Ingeniería.

¡Trabajar como químico es un reto, pero también es divertido! Puedes descubrir cosas nuevas cada día. Ya sea en un laboratorio o sobre el terreno, los químicos miran de cerca los componentes básicos de nuestro mundo para tratar de mejorarlo.

GLOSARIO

analizar: Estudiar algo profundamente.

CTIM: Sigla para Ciencia, Tecnología, Ingeniería y Matemática.

desarrollar: Trabajar en algo durante un tiempo.

diseñar: Crear un plan para llevar a cabo algo.

ecuación: Enunciado matemático que establece la igualdad de dos o más magnitudes.

elemento: Compuesto puro que no tiene ningún otro tipo de materia en él.

equipo: Instrumentos, ropa y otros artículos necesarios para realizar un trabajo.

evidencia: Algo que demuestra que otra cosa es cierta.

ingeniería: Uso de la ciencia y las matemáticas para construir mejores objetos.

láseres: Dispositivos que producen haces finos y potentes de luz con usos especiales.

materiales: Material que se usa para fabricar algo.

reaccionar: Efecto de una acción.

simular: Representar el funcionamiento de un proceso mediante otro sistema.

tecnología: Conjunto de conocimientos y medios técnicos aplicados al desarrollo de una actividad.

trabajo de prácticas: Programa educativo o de formación que aporta experiencia profesional.

ÍNDICE

A

alimentos, 4, 16
átomos, 8

B

balanza(s), 10, 13
Bunsen (Robert/mechero),
    10, 11, 13

C

combustible(s), 4, 14
computadoras, 4, 12, 13, 22

E

elemento, 8, 18, 23
espectrómetros, 12, 13
estados de la materia, 6

F

frascos, 10, 13

I

ingenieros, 14, 15
instrumentos, 10, 13, 22

L

laboratorio(s), 4, 10, 20,
    21, 22
láseres, 12, 13, 22, 23

M

masa, 10
matemáticas, 4, 18, 22
matraz/matraces,
    10, 13, 18
medicina, 16
microscopios
    electrónicos, 12, 13
molécula, 8, 18

P

plástico(s), 4, 14

Q

químicos ambientales,
    20, 21
químicos farmacéuticos, 16
químicos forenses, 20
químicos de procesos, 20

T

técnicos, 20, 21
trabajo de campo, 4, 20
trabajos de prácticas,
    22, 23
tubos de ensayo, 10, 11, 13

SITIOS DE INTERNET

Debido a que los enlaces de Internet cambian a menudo, PowerKids Press ha creado una lista en línea de los sitios Internet que tratan sobre el tema de este libro. Este sitio se actualiza con regularidad. Por favor, usa este enlace para ver la lista: www.powerkidslinks.com/ssc/chem